Rubilito
the Traveling Hummingbird
el colibrí viajero

Ralph Dessau

Ilustraciones * Illustrations
Álvaro Miranda

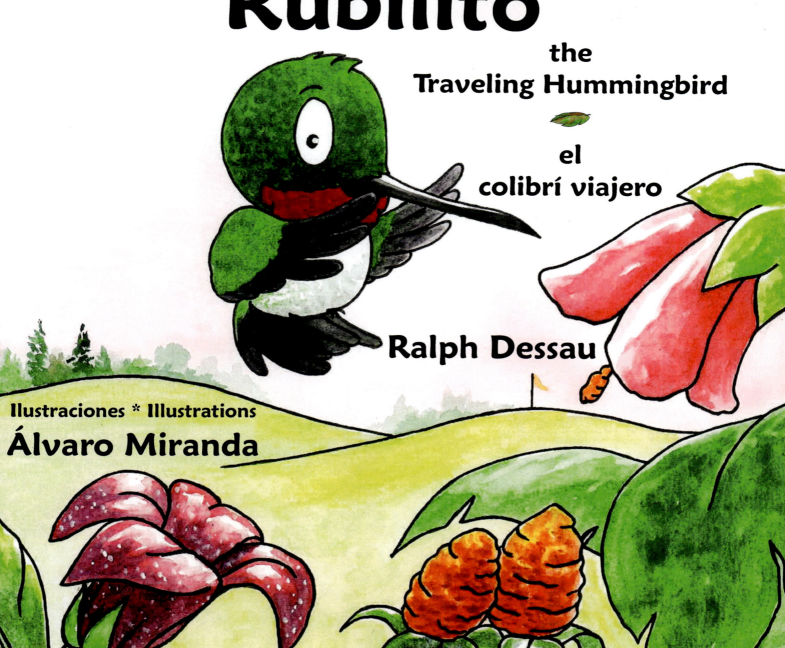

The Pollinator Series
* La serie de los polinizadores
No. 1

Copyright © 2014, Ralph Dessau
Illustrations Copyright © 2014, Álvaro Miranda
Spanish editor, Tarsï Bonini

808.0683
D471   Dessau, Ralph B.
        Rubilito, the Traveling Hummingbird = Rubilito, el colibrí viajero / Ralph B. Dessau ; ilustrado por Álvaro Miranda. – Panamá : Piggy Press, 2014.
        42 p. ; 22 cm.

    ISBN 978-9962-690-68-9 (Tapa suave)

1. LITERATURA INFANTIL PANAMEÑA-CUENTOS
2. CUENTOS INFANTILES PANAMEÑOS   I. Título.

Piggy Press Books
info@piggypress.com
www.piggypress.com

Rubilito's story is based on real life and is dedicated to all who read it - young or old - in the hope that they will understand that even the tiniest creatures in Nature are here for a purpose and that they need our help and support to survive and continue their invaluable and essential contributions for the good of everyone on our planet.
RBD

I am grateful to God for the gift he has given me and to the people who have supported me unconditionally as an artist - my family and my friends. I hope this book will inspire many children to care for and love Nature.
AM

Este cuento de Rubilito está basado en la vida real y está dedicado a todos los que lo leen - joven o viejo - con la esperanza de que entiendan que incluso las criaturas más diminutas en la Naturaleza están aquí con un propósito y que necesitan nuestra ayuda y apoyo para sobrevivir y continuar sus contribuciones inestimables y esenciales por el bien de todo el mundo en nuestro planeta.
RBD

Agradezco a Dios por el don que me ha dado y a las personas que me han apoyado incondicionalmente desde mi inicio como artista - mi familia y mis amigos. Espero que este libro inspire a muchos ninos a cuidar y amar la Naturaleza.
AM

Hi, my name is Ruby, but my friends in Panama call me Rubilito because I'm a very small hummingbird. My feathers are bright and shiny, and I can fly faster and further than most other birds. And I think that we hummingbirds are the most beautiful birds in the whole world.

I never knew my father, but my mother told me that he was very handsome and flew better and faster than anybody else in the neighborhood to woo her.

Hola, mi nombre es Rubí, pero en Panamá me llaman Rubilito porque soy un colibrí muy pequeño. Mis plumas tienen colores brillantes e iridiscentes, y puedo volar más rápido y más lejos que muchas otras aves. Creo que nosotros los colibríes somos las aves más bellas del mundo.

Nunca conocí a mi padre, pero mi mamá me dijo que era muy guapo y voló mejor y más rápido que nadie en el vecindario para conquistarla.

My dad left after they met, so my mom built a nest by herself. It was so well built that it could resist strong winds and heavy rain. She decorated it with strange little plants called lichen. The nest blended into the surroundings and was hard to find unless you already knew where it was.

My mom laid two tiny eggs and sat on them for three weeks to keep them warm. I came out of one of them. She stayed in the nest most of the time, but when she got hungry, she would leave to feed on flower nectar and to catch little insects that she needed for protein.

Mi papá se fue después de que se conocieron, así que mi mamá solita construyó un nido. Estaba tan bien construido que podría resistir vientos fuertes y lluvias intensas. Ella lo decoró con extrañas plantas pequeñas llamadas líquenes. El nido se mezclaba en el entorno y era difícil de encontrar a menos que ya supiera dónde estaba.

Mi mamá puso dos huevos diminutos y se sentó sobre ellos durante tres semanas para mantenerlos calientes. Salí de uno de ellos. Mi mamá se quedaba en el nido la mayor parte del tiempo, pero cuando le daba hambre, ella salía para alimentarse del néctar de las flores y para coger pequeños insectos que ella necesitaba para la proteína.

I had to fight my way out of the egg. Mom says I was not very pretty. My eyes were still closed and I was naked. I had wings, legs and my beak, which helped me to get out of the egg, but no feathers.

Mom fed me with nectar and the insects she had caught. She would stick her beak into my throat and regurgitate the whole mixture. It wasn't pleasant, but I grew bigger and sprouted feathers all over.

Mamá dice que, al nacer, yo no era muy bonito. Mis ojos aún permanecían cerrados y estaba desnudo, sin plumas. Tenía alas, patas y pico, que me ayudaron a salir del huevo.

Mi mamá me dio de comer con el néctar y los insectos que había capturado. Ella introducía su pico en mi garganta y depositaba toda la mezcla. No era agradable, pero fui creciendo y brotaron plumas por todas partes.

In three weeks I was bigger than my mom. I had feathers, and my wings were powerful. Then Mom told my brother and me that it was time for us to leave the nest and practice flying.

I was so excited. My first flight! I had to fly from the side of the nest to a nearby branch. It wasn't a long flight, but when I landed, I almost fell off that branch. I was clumsy, but I held on and straightened myself.

"Stay there, Ruby," Mom said. "You need more food. I'll be right back."

En tres semanas era más grande que mi mamá. Tenía plumas y alas poderosas. Entonces mamá nos dijo, a mi hermano y a mí, que ya era hora de que nos fuéramos del nido y practicáramos el vuelo.

Estaba tan emocionado. ¡Mi primer vuelo! Tuve que volar desde el lado del nido a una rama cercana. No fue un vuelo largo, pero cuando llegué, casi me caigo de la rama. Yo era torpe, pero me aferré a la rama y me enderecé.

—Quédate ahí, Rubilito —dijo mamá—. Necesitas más comida. Ya vuelvo.

By now I knew that the males in our family, like my father, had a gorgeous ruby-red ruffled throat. Mom wasn't as colorful as my dad, her throat was not red like his, but she was still pretty.

"If I'm a male, why don't I have a magnificent red throat like my dad?" I asked her.

"Don't worry, Ruby. Your throat will turn a beautiful ruby red in one year."

"A year?" I cried. "That means I have to wait eleven more months, and that's a very long time!"

Por ahora sabía que los machos en la familia, como mi padre, tenían una hermosa garganta, o gola, de color rojo rubí. Mamá no era tan colorida como mi papá, su garganta no era roja como la suya, aún así ella era bonita.

—Si soy un macho, ¿por qué no tengo una magnífica garganta de color rojo como mi papá? —le pregunté.

—No te preocupes, Rubilito. Tu garganta se volverá un hermoso color rojo rubí en un año.

—¿Un año? —exclamé. ¡Eso significa que tengo que esperar once meses más y eso es mucho tiempo!

Mom gave us flying lessons and taught us which flowers to visit and how to catch insects so we could feed ourselves.

One day, she showed us a strange-looking container.

"Boys, this is sugar water that the humans leave out for us. Hover in front of it and drink from that little hole, just like you do with the flowers."

For the next couple of weeks, Mom made sure we understood everything she taught us. Then one day, without warning, she shocked us with the news.

"Guys, it's time for you to leave. You're big enough. Go find your own territory. I can't take care of you anymore."

We tried to go back to the nest, but she would chase us away.

Mamá nos dio lecciones de vuelo y nos enseñó cuales flores visitar y cómo atrapar insectos para alimentarnos nosotros mismos.

Un día, ella nos mostró un recipiente de aspecto extraño.

—Muchachos, esto es agua azucarada que los seres humanos dejan para nosotros. Revoloteen frente al contenedor y beban de ese pequeño agujero, tal como lo hacen con las flores.

Durante el próximo par de semanas, mamá se aseguró de que entendiéramos todo lo que ella nos enseñó. Y luego, de repente un día, sin previo aviso, nos dio la gran noticia.

—Chicos, ya es hora de que se vayan. Ya están grandes. Busquen sus propios territorios. Ya no puedo cuidarles.

Intentamos regresar al nido, pero ella nos ahuyentaba.

So my brother and I flew our separate ways.

I could fly much better now, and would hover in front of each flower and stick my beak deep into its center to get nectar. I also practiced catching flies and mosquitoes in the air.

The nest where I was born was located next to what the humans call a golf course in a garden with lots of flowers, so it wasn't difficult for me to find another territory. Of course, I had to defend it from other hummingbirds that tried to steal nectar from my flowers.

One day, some humans strolled by with their golf clubs, and I heard them call this place Texas.

Así que mi hermano y yo fuimos por caminos separados.

Podía volar mucho mejor ahora, y revoloteaba al frente a cada flor y metía el pico en su centro muy profundo para conseguir el néctar. También practicaba agarrando moscas y zancudos en el aire.

El nido donde nací estaba ubicado al lado de lo que los humanos llaman un campo de golf en un jardín con muchas flores, así que no fue difícil para mí encontrar otro territorio. Por supuesto, tuve que defenderlo cuando otros colibríes trataban de robar el néctar de mis flores.

Un día, algunos humanos paseaban con sus palos de golf, y oí que ellos llamaban a este lugar Texas.

When I was about three months old, the weather began to get chilly, and there weren't as many flowers. Something inside me said that if I flew south, it would be warmer and I could find more flowers. This is what the humans call **migration**, and we hummingbirds must migrate to a warmer place to survive.

If I had to travel far away, I would first have to put on lots of extra weight. Close by there was one of those containers with sugar water, so I drank lots of that and visited as many flowers as I could. I needed to "fuel up" for my trip to the South. Soon I felt heavier and clumsier, especially when I was flying. I had gained almost half of my normal weight as fat.

Cuando tenía cerca de tres meses de edad, el clima se volvió frío y no había tantas flores. Algo dentro de mí me dijo que si volaba al sur, sería más cálido y podría encontrar más flores. Esto es lo que los humanos llaman **migración** y nosotros los colibríes debemos migrar a un lugar más cálido para sobrevivir.

Si tuviera que viajar muy lejos, primero tendría que ganar un montón de peso extra. Cerca había uno de esos recipientes con agua azucarada y bebí mucho de ese líquido y visité tantas flores como pude. Necesitaba "recargar energías" para mi viaje al sur. Pronto empecé a sentirme más pesado y torpe, sobre todo cuando estaba volando. Había ganado casi la mitad de mi peso normal en forma de grasa.

Then one morning, it was really cold, and I knew it was time to leave Texas and head south where it was warm. So I drank one last, huge gulp of sugar water and took off. I flew in a southerly direction for the rest of the morning and part of the afternoon until I found another garden with flowers. I stopped to eat and look for somewhere safe to sleep.

I flew for many days until I reached a town the humans call Rockport. It had big gardens with lots of flowers and a port with fishing boats, next to a huge body of water so big that I couldn't see anything but water.

Entonces, una mañana, hacía mucho frío. Supe que era hora de marcharme de Texas y volar hacia el sur donde hacía calor. Bebí un último trago enorme de agua azucarada y me fui. Volé en dirección al sur por el resto de la mañana y parte de la tarde hasta que encontré otro jardín con flores. Me detuve para alimentarme y buscar un lugar seguro para dormir.

Volé por muchos días hasta que llegué a un pueblo que los humanos llaman Rockport. Tenía grandes jardines con muchas flores y un puerto con barcos de pesca junto a una gran masa de agua, tan grande que no podía ver nada más que agua.

The place was buzzing with thousands of hummingbirds! They had flown into Rockport, and everybody was hungry. Luckily, the humans had filled their gardens with lots of containers with sugar water, but I still had to struggle to get something to eat. I had lost weight on the trip, and I needed energy.

Rockport was filled with humans, too. They organized a bird festival to cheer us on as we all flew off to cross that huge body of water to warmer weather and lots of flowers.

Early one morning, a strong north wind was blowing from the coast out to sea. This seemed like a good time to leave Rockport. So I did.

¡El lugar estaba a tope con miles de colibríes! Habían volado a Rockport y todo el mundo tenía hambre. Por suerte los humanos habían llenado sus jardines con una gran cantidad de recipientes con agua azucarada, pero aun así tuve que luchar para conseguir algo de comer. Había perdido peso en el viaje y necesitaba recuperar energía.

Rockport estaba lleno de humanos también. Ellos organizaron un festival de aves. Querían animarnos cuando voláramos fuera a cruzar esa enorme masa de agua hacia un clima más cálido y un montón de flores.

Temprano una mañana, un fuerte viento del norte soplaba desde la costa hacia el mar. Me pareció un buen momento para salir de Rockport. Así que lo hice.

I flew close to the water so as not to waste my energy by climbing. Sometimes it seemed like the waves would try to catch me and drag me down. There was no land in sight.

I had to fly for hours and hours. I couldn't stop to feed myself or rest or fix my feathers like I normally do. It got dark, and I kept flying, until I thought I couldn't go on. I was ready to give up, but then I saw something that looked like a coastline far away. So with a last big effort, I reached a place with bushes filled with flowers. Finally, I could stop and catch my breath.

Volé cerca del agua para no desperdiciar mi energía subiendo. A veces parecía que las olas trataban de agarrarme y arrastrarme hacia abajo. No había tierra a la vista.

Tuve que volar durante horas y horas. No podía parar para alimentarme o descansar o arreglar mis plumas como hago normalmente. Se hizo de noche y yo seguía volando, hasta pensé que no podría continuar. Estaba a punto de darme por vencido cuando a lo lejos vi algo que parecía una costa. Así que, con un último gran esfuerzo, llegué a un lugar con arbustos llenos de flores. Al fin, pude parar y recuperar el aliento.

I was lucky. I had made it across that big body of water called the Gulf of Mexico. Many of the others, especially those my age, did not.

But I soon discovered that lots of hummingbirds live here in this strange new land called Mexico, but they look quite different from us Texans. Some are bigger, and some smaller than I. Some have shiny blue feathers, while others have red or purple patches on their throat or breast. But they all behave like the hummingbirds in Texas.

"You're trespassing. Get out of my territory!" they would say and chase me away. Fortunately, there were lots of flowers, and some humans had hung those sugar-water containers.

Tuve suerte. Lo había logrado a través de ese gran cuerpo de agua llamado el Golfo de México. Muchos de los otros, sobre todo los de mi edad, no lo hicieron.

Pronto descubrí que un montón de colibríes viven aquí en este nuevo y extraño país llamado México, pero parecen muy diferentes de nosotros los tejanos. Algunos son más grandes y otros más pequeños que yo. Algunos tienen plumas azules brillantes, mientras que otros tienen manchas rojas o moradas en la garganta o el pecho. Pero todos ellos se comportan como los colibríes en Texas.

—Estás traspasando. ¡Fuera de mi territorio! —decían y me ahuyentaban. Afortunadamente, había muchas flores y algunos humanos habían colgado los contenedores con agua azucarada.

After I put on some weight, I continued farther south. I flew over countries with names like Honduras, El Salvador and Costa Rica.

A few weeks later, I reached a country called Panama. According to the humans, I had traveled a total distance of 2,630 kilometers. You can see on the map how far I had flown.

In Panama, I settled in a town called David. I found a garden full of flowers, some I knew and many I had never seen before. There were also lots of sugar-water containers. The human owner must have planted this garden for someone just like me.

Después que recuperé algo de peso, seguí más al sur. Volé sobre los países con nombres como Honduras, El Salvador y Costa Rica.

Varias semanas más tarde, llegué a un país llamado Panamá. Según los seres humanos, yo había recorrido una distancia total de 2.630 kilómetros. Puedes ver en el mapa desde cuan lejos yo había volado.

En Panamá, me instalé en un pueblo llamado David. Encontré un jardín lleno de flores, algunas que conocía y muchas que nunca antes había visto. Había también muchos contenedores con agua azucarada. El propietario humana debió haber sembrado este jardín para alguien como yo.

Of course, the hummingbirds here defend their territories just like they do in Texas and in Mexico and everywhere else. But this place is loaded with flowers and insects, and I found out that if I sneaked in when the sun was rising, I could get enough food to recharge my energy.

Shortly after my arrival, four Texans flew into the same garden, two adults, one male and one female, and two young males like me. And they weren't friendly either.

Por supuesto, los colibríes aquí defienden sus territorios tal como lo hacen en Texas y en México y en todos lados. Pero este lugar está lleno de flores e insectos y descubrí que si me colaba al salir el sol, podría conseguir suficiente comida para recuperar mi energía.

Poco después de mi llegada, cuatro tejanos volaron al mismo jardín, dos adultos, un macho y una hembra, y dos machos jóvenes como yo. Y tampoco eran amables.

In Texas, winter had begun. But here in David, I was having a great time. The weather was warm and sunny, and there was an abundance of insects and flowers.

But by March of the following year, I felt that it was time for me to go back to Texas. That is what migration is all about. So I started to prepare for my return trip. I had to gain weight, so I ate more than I really wanted. Of course, I had to fly the same route back, but I was older and wiser, and could take care of myself.

En Texas, el invierno había comenzado. Pero aquí, en David, yo lo pasaba de maravilla. El tiempo era cálido y soleado, y había una gran cantidad de insectos y flores.

Pero antes de marzo del año siguiente, sentí que era hora de regresar a Texas. Eso tiene que ver con la migración otra vez. Así que, empecé a prepararme para mi viaje de regreso. Tuve que subir de peso y comí más de lo que realmente quería. Por supuesto, tuve que volar por el mismo camino de vuelta, pero era mayor y más sabio, y podía cuidarme solo.

By then, ruby-red feathers covered my throat, just like my mom said would happen. This made me quite attractive to the females, and I became acquainted with quite a few of them.

"I've had a super time in Panama, but I have to leave," I told them. "But don't worry, I'll come back in September when it starts to get cold again."

Para entonces, mi garganta estaba llena de plumas de color rojo rubí, justo como mi mamá dijo que sucedería. Esto me hizo muy atractivo para las hembras, y conocí a un buen número de ellas.

—He tenido un tiempo estupendo en Panamá, pero tengo que marcharme —les dije—. Pero no se preocupen, regresaré en septiembre cuando empiece a hacer frío de nuevo.

My flight back to Texas was just as dangerous and difficult as my flight to Panama, but by late May, I had flown all the way back to the same garden near the golf course, where I was hatched and learned to fly. And I reclaimed my old territory.

It's great to be back in Texas, but come September, when the weather changes, I will fly back to Panama where the weather is balmy and flowers and insects abound.

Mi vuelo de regreso a Texas era tan peligroso y difícil como mi vuelo a Panamá, pero a finales de mayo llegué al mismo jardín junto al campo de golf, donde salí del cascarón y aprendí a volar. ¡Y reclamé mi antiguo territorio!

Es genial estar de vuelta en Texas, pero llegado septiembre, cuando el clima cambie, volaré de nuevo a Panamá, donde el clima es cálido y las flores y los insectos abundan.

Message to My Friends

We hummingbirds aren't just pretty little birds who always want to have a good time. Mother Nature has given us an important job to do. We must visit 10,000 flowers every day to get enough energy to stay alive. And from each flower we visit, a tiny amount of very fine powder called **pollen** gets stuck on our beaks. The next flower we visit gets some of the powder from the last flower and leaves some of its own. This is called **pollination**. Without us hummingbirds, shrubs and trees will not produce any fruit! We are pollinators; that's what we do!

Bees and butterflies help us with this, but they can't work when it's raining. We hummingbirds love the rain and keep visiting all the flowers we can. And there are many flowers that only we can pollinate. Without us, lots of those trees and bushes would not be able to produce fruits or seeds, and they would soon disappear from our planet Earth.

Humans have chopped down or burnt many old trees and cleared areas to make room for cattle pastures, houses, bridges and roads, and these need to be replaced so that we hummingbirds can do our job. So please fill your gardens and parks and roadsides with flowers and trees!

We need your help. Our survival, yours and mine, depends on it.

To find out more about hummingbirds and what you can do to help us, please visit our friend Ralph Dessau's website: **www.ralphinpanama.com**.

Mensaje a mis amigos

Nosotros los colibríes, no somos solamente pájaros pequeños y bonitos que siempre queremos pasar un buen rato. La madre naturaleza nos ha dado un trabajo importante que hacer. Debemos visitar 10.000 flores cada día para conseguir la energía suficiente para mantenernos con vida. De cada flor que visitamos, una pequeña cantidad de polvo muy fino llamado **polen** se queda atascado en nuestros picos. La siguiente flor que visitamos coge algo del polvo de la última flor y deja algo del suyo. Esto se llama **polinización**. Sin nosotros, los colibríes, los arbustos y los árboles no producirían ninguna fruta. Somos los polinizadores, ¡eso es lo que hacemos!

Las abejas y las mariposas nos ayudan con esto, pero no pueden trabajar cuando llueve. Como a los colibríes nos encanta la lluvia, seguimos visitando todas las flores que podemos. Y hay muchas flores que sólo nosotros podemos polinizar. Sin nosotros, un montón de los árboles y arbustos no serían capaces de producir frutos o semillas, y no tardarían en desaparecer de nuestro planeta Tierra.

Los seres humanos han talado o quemado muchos árboles viejos y han despejado áreas para hacer pastos para el ganado, casas, puentes y carreteras. Estos árboles necesitan ser reemplazados para que nosotros, los colibríes, podamos hacer nuestro trabajo. ¡Así que, por favor llena tu jardín y los parques y bordes de las carreteras con flores y árboles!

Necesitamos tu ayuda. Nuestra supervivencia, la tuya y la mía, depende de ello.

Para saber más acerca de los colibríes y lo que puedes hacer para ayudarnos, por favor visita el sitio Web de nuestro amigo Ralph Dessau: **www.ralphinpanama.com**.

Álvaro Miranda
the Illustrator * el ilustrador

ÁLVARO MIRANDA was born in Boquete, Chiriqui, in the Republic of Panama, on March 16, 1982. At the age of 29, he decided to pursue his dream of becoming a renowned painter. Inspired by Nature and the environment, his early paintings are mostly wildlife and landscapes. Now he has ventured into the world of children's illustration. *Rubilito, the Traveling Hummingbird*, is his first book.

    For more information about Álvaro's work:
        almiranda82@gmail.com
    or on Facebook: Orion Airbrush & Fine Art

ÁLVARO MIRANDA nació en Boquete, Chiriquí, en la República de Panamá, el 16 de marzo de 1982. A los 29 años, decidió perseguir su sueño de convertirse en un pintor reconocido; inspirado la mayor parte del tiempo por la Naturaleza que lo rodea, sus primeros cuadros son temas de vida salvaje y paisajes. Ahora ha incursionado en el mundo de la lustración infantil. *Rubilito, el colibrí viajero*, es su primer libro.

    Para mayor información sobre el trabajo de Álvaro:
        almiranda82@gmail.com
    o en Facebook: Orion Airbrush & Fine Art

Ralph Dessau
the Author * el autor

RALPH DESSAU was born in Copenhagen, Denmark, in 1928. In 1953, he graduated with a Master's Degree in Chemical Engineering from the Technical University of Copenhagen and received a Fulbright Fellowship, which enabled him to spend a year at Stanford University and another year at the California Institute of Technology. Upon his return to Denmark in 1955, he married Carmen, his wife of more than 58 years, and started his career in the International Petroleum Industry, which lasted for 30 years. During this time, he also wrote *The Hummingbirds of Caracas* and produced a movie, *In Defense of the Sea*.

In 2005, Ralph moved to Boquete, Panama, where he wrote his second book, *Flying Jewels* about the hummingbirds of Panama. *Rubilito, the Traveling Hummingbird* is Ralph's third book. As an avid photographer, over the years, Ralph has devoted his spare time to his favorite hobby: photographing hummingbirds.

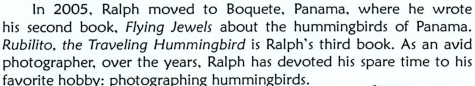

RALPH DESSAU nació en Copenhague, Dinamarca, en 1928. En 1953, se graduó con una Maestría en Ingeniería Química de la Universidad Técnica de Copenhague y recibió una beca Fulbright que le permitió pasar un año en la Universidad de Stanford y otro año en el Instituto de Tecnología de California (Caltech). A su regreso a Dinamarca en 1955, se casó con Carmen, su esposa por más de 58 años, y comenzó su carrera en la industria petrolera internacional, que se prolongó durante 30 años. Durante este tiempo, él también escribió *Los Colibríes de Caracas* y produjo una película, *En defensa del mar*.

En 2005, se trasladó a Boquete, Panamá, donde escribió su segundo libro, *Joyas Voladoras* sobre los colibríes de Panamá. *Rubilito, el colibrí viajero* es su tercer libro. Como un ávido fotógrafo, a lo largo de los años, Ralph ha dedicado su tiempo libre a su pasatiempo favorito: fotografiar colibríes.

Rubilito
Ruby-throated Hummingbird
Estrella Garganta de Rubí
Archilochus colubris

The Pollinator Series
* La serie de los polinizadores

1. **RUBILITO** by Ralph Dessau
2. **ABELITA** by Emily Haworth
3. **MONARQUITA** by Ralph Dessau
4. **BUMBELITA** by Emily Haworth
5. **MURCIELITA** by Ralph Dessau
6. **THEOBROMA CACAO** by Pat Alvarado

We love to read!
¡Nos encanta leer!

Piggy Press Books
www.piggypress.com

Made in the USA
Middletown, DE
22 March 2022